LA VÉRITÉ

SUR L'AFFAIRE

DU

GRAND THÉATRE DE MENTON

PAR

GUSTAVE LABOURT

ÇA Y EST. — LE POINT DE DÉPART.
PROFILS DES ADMINISTRATEURS. — MACHINE EN ARRIÈRE !
DE PROFUNDIS !

Prix : 50 centimes

MENTON

IMPRIMERIE J.-V. ARDOIN, LIBRAIRE ET PAPETIER

AVENUE VICTOR-EMMANUEL, REZ-DE-CHAUSSÉE HOTEL VICTORIA.

1876

LA VÉRITÉ

SUR L'AFFAIRE

DU

GRAND THÉATRE DE MENTON

PAR

GUSTAVE LABOURT

ÇA Y EST. — LE POINT DE DÉPART.
PROFILS DES ADMINISTRATEURS. — MACHINE EN ARRIÈRE !
DE PROFUNDIS !

MENTON

Imprimerie J.-V. Ardoin, Libraire et Papetier

AVENUE VICTOR-EMMANUEL, REZ-DE-CHAUSSÉE HOTEL VICTORIA.

1876

[signature: Gustave Labour]

29 avril 1876.

PRÉFACE

Publiée dans le *Courrier de Menton*, le 16 Avril 1876.

ÇA Y EST!!

Enfin, c'est fait! *La Société anonyme du Grand Théâtre de Menton est dissoute!!!*

Le Progrès qui décidément ne peut pas, ou ne veut pas habiter ici, vient d'attacher la locomotive à l'arrière du train, afin de pouvoir dorénavant marcher toujours à reculons. Le progrès s'en va, il est décidé à siéger désormais dans les villes habitées par des hommes qui lui ont voué une amitié sincère, le progrès n'aime pas les villes qui le méprise.

Il fuit devant l'entêtement et la routine. — Le voilà donc parti !.... Mais hélas, pendant que nous allons en *arrière* à grande vitesse, les villes rivales de la nôtre, vont *en avant* à pleine vapeur ! !

Témoin San-Remo qui a construit son théâtre bien longtemps après la conception du nôtre et qui l'exploite déjà avec succès. — San-Remo aime le progrès..... la preuve c'est qu'on vient de voter chez notre voisine une magnifique promenade, qui fera l'admiration des étrangers. Et nous regardons tout cela les bras croisés... nous ! *Cannes* est en train de créer son théâtre, il sera probablement prêt l'année prochaine..... et nous serons très certainement encore là..... la bouche ouverte..... les bras ballants..... regardant nos concurrentes s'embellir, tandis que nous restons tout bonnement *stationnaires*.

Pauvre Menton, toi la plus jolie ville du littoral, toi si bien lancée, tu t'arrêtes net comme un cheval de course qui, près d'atteindre le but, laisse un de ses rivaux prendre la corde, le dépasser..... et remporter la victoire aux applaudissements frénétiques de la foule enthousiasmée.....

Un orgueil, bien pardonable, c'est le mien !.... Oui, j'avoue que j'étais heureux et fier d'avoir fait ici une chose reconnue à l'avance impossible à Menton. En quelques mois j'ai trouvé 140,000 francs (car dans mon bureau de la rue Saint-Michel, j'ai réussi à receuillir encore 8,600 francs que l'on a ajoutés aux 131,400 francs fixés par l'Acte social).

Et j'aurais été plus loin si *l'on ne m'avait pas défendu de continuer à vendre des loges ! !*

Vous m'avez vu longtemps, n'est-ce pas ?.... courant les rues, arpentant les routes, le matin à *Garavan*, le soir à la *Madone*, j'allais la tête au soleil et les pieds dans la poussière... Vous ais-je ennuyé, Messieurs les actionnaires ! Je m'accrochais à vous ; je vous expliquais l'affaire, je vous en démontrais les avantages..... C'était surtout l'intérêt du pays que je faisais briller à vos yeux.....

Enfin, moi artiste... j'étais devenu commis voyageur..... et cela n'est guère dans ma nature, allez!! Vous avez été bons pour moi.... Vous avez compris que mon œuvre était intelligente et utile et vous avez souscrit. J'ai provoqué les réunions, j'allais porter moi-même nos lettres de convocation afin d'être bien sûr qu'elles arriveraient à destination. Enfin, la société fut formée, le succès récompensa mes efforts : Hélas, c'était trop beau..... cela ne devait pas durer..... Il est plus facile de démolir que de construire !.... Et on a osé me dire que *l'on avait eu des égards pour moi, qu'après tout, je n'avais rien fait!*

C'est le plus beau mot de l'année, et après cela, comme on dit dans *Chilpéric*, il faut retirer son chapeau, j'ai répondu tout simplement : « *La popu-*
« *lation entière témoignera pour moi comme*
« *un seul homme, j'ai pour moi l'opinion pu-*
« *blique.* »

— Oh l'opinion publique, fit mon interlocuteur, avec dédain.....

— Monsieur, lui répondis-je froidement, pour un

honnête homme c'est beaucoup plus précieux que l'*argent*....

Une petite anecdote en passant....... Il y a ici une personne contemporaine de tous ceux qui ont pris part à l'affaire du grand théâtre. Cette personne a des raisons majeures pour être notre adversaire, la construction d'un théâtre étant diamètralement opposée à ses propres intérêts.

A la fondation de la Société, ce Monsieur souriait en disant :

« Allons donc..... réussir à quelque chose...... ici.... je connais mes compatriotes..... *cela ne se fera pas!* »

J'avoue que ces propos qu'on me répétait consciencieusement, m'agaçaient énormément.

Enfin, un de mes amis impatienté : lui dit un jour...... « *Mais Labourt a trouvé les fonds, l'acte est fait, les architectes concourent, cette fois c'est fini ! !* »

Le Monsieur *Douteur* haussa les épaules..... et répondit : « C'est possible.... mais, au dernier moment, on trouvera quelque chose pour tout rompre, je ne sais pas ce que cela sera... mais l'affaire ne réussira pas..... *je connais mon pays*..... »

Mon irritation était à son comble, j'avais presque de la haine pour ce *prophète de malheur*.

Aujourd'hui, je le comprends, et je le salue avec respect..... Dites donc encore que *nul n'est prophète dans son pays.*

On m'a dit..... (car depuis longtemps je suis

comme les autres j'attrappe des nouvelles sur le trottoir) on m'a dit, que l'on allait demander à la ville de prendre une partie des frais à sa charge. Quel embarras pour notre premier magistrat et son honorable conseil municipal, quand on leur soumettra officiellement cette grave question.

Malgré ceux qui prétendent faire à Menton tout ce qu'ils veulent, ce sera raide à faire passer cela !

Car, enfin, la Municipalité se dira : grâce à Labourt, on pouvait avoir un théâtre sans obérer la ville, et voilà que l'on nous demande de prendre une partie des dépenses à notre charge.

Et l'eau que la ville et la campagne réclament à grands cris !....

Sans l'eau gare les fièvres en été..... j'en prends à témoin les victimes de l'année dernière..... elles sont nombreuses.

Et la Promenade du Midi qu'il faut continuer jusqu'au Cap ?....

Les rues qu'il faut percer..... Garavan dont il faut enfin s'occuper un peu !.... Les égoûts, l'arrosage, les embellissements..... quel travail pour notre nouveau Maire !!! Quel sera le revenu de ce théâtre ?... Si comme dimension, comme luxe il n'est pas en rapport avec les ressources de notre petite ville, alors l'exploitation devient impossible !

Je souhaite que cela réussisse, mais je suis maintenant comme le Monsieur *Douteur* et, à l'exemple de *St-Thomas*, je croirai dorénavant, *quand j'aurai touché, quand j'aurai vu !*....

Ma Brochure raconte scrupuleusement, preuves à l'appui, l'histoire de cette malheureuse affaire depuis sa *naissance,* jusqu'à *sa mort.* Il n'y aura pas un fait qui ne soit prouvé. Je n'ai pas besoin de dire que cela ne sera pas un *Pamphlet,* non !... Ce n'est pas mon genre, ce sera un mémoire authentique écrit en termes *très convenables, mais très positifs.*

Il sera probablement très blâmé, par l'excellente raison *qu'il est très vrai....*

C'est : **La vérité sur l'affaire du Grand Théâtre de Menton !**

Que voulez-vous.... j'ai la faiblesse de tenir énormément à l'*Opinion publique !*

Je commence, ami lecteur, mais d'abord, comme le témoin lève la main devant la Justice avant de faire sa déposition, je la lève aussi devant toi et **je jure de dire la vérité, toute la vérité, rien que la vérité !**

CHAPITRE PREMIER

LE POINT DE DÉPART

Au mois d'Avril 1875, plusieurs personnes m'ayant demandé de m'occuper de la construction d'un théâtre à Menton, je consentis à me mettre à l'œuvre.

Dans un manuscrit, très-complet, je donnai les moyens d'arriver à une souscription suffisante, pour construire un monument convenable. J'expliquai le mode d'exploitation, j'entrai dans les détails les plus minimes. Ce travail terminé, j'en copiai une douzaine d'exemplaires.

Le premier fut remis à M. Filippi, Juge de Paix,

et j'eus le bonheur d'obtenir son approbation, alors je n'hésitai plus à faire circuler ce manuscrit. Mes idées, mes plans furent adoptés par tous.

Je me mis en campagne, au bout d'un mois j'avais une liste d'adhésions très-complète, M. Medecin, Maire de Menton, figurait en tête, patronnant très-sérieusement cette entreprise qui était du reste, entièrement dans l'intérêt de la Ville. La liste offrait un total de **cent trente-un mille quatre cents francs**.

Dès lors, on décida qu'il fallait se réunir en assemblée générale et nommer une Commission. L'assemblée eut lieu, on nomma cette Commission, elle était ainsi composée : Messieurs Massa, Gastaldy, Martini, Palmaro, Guiol et Cléricy.

Pendant un mois, il y eut plusieurs réunions, je convoquais, par lettres, Messieurs les actionnaires et propriétaires de loges. Je portais, moi-même, ces lettres à domicile. J'assistais aux séances et j'en transcrivais les résultats sur un registre spécial.

Je prends *toute la Ville* à témoin que, pendant plusieurs mois, je travaillais avec ardeur à la réussite de cette affaire.

Mes efforts furent couronnés de succès. M. Filippi, Juge de Paix consentit à écrire les statuts de la société, je les transcrivis sur papier timbré et dans la séance du 12 juillet 1875, la société fut définitivement constituée. On procéda, séance tenante, à la nomination des Administrateurs, — voici leurs noms : Messieurs Medecin, Maire, Conseiller Général et Député, A. Bottini, Banquier, Martini, Banquier, Palmaro, Banquier, Guiol, propriétaire de l'Hôtel du Louvre.

On m'installa dans un bureau, rue Saint-Michel, où je me tenais à la disposition de l'Administration et de Messieurs les actionnaires. Je réalisais encore dans ce bureau une somme de 8.600 *francs*. Il avait été convenu dans une séance de l'Administration que l'on me donnerait une somme de 150 *francs* par mois, à dater du jour où j'avais commencé à m'occuper du théâtre, jusqu'à celui de son ouverture. Une fois le théâtre prêt à être exploité, mes appointements réels, comme artiste et directeur de la scène, seraient définitivement fixés. Les questions financières devaient être gérées par les administrateurs. Moi j'avais la direction de la scène, des artistes et employés et cela sous le contrôle d'une commission artistique nommée à cet effet.

Les statuts de la société disaient que : « l'Erection du théâtre serait mise au Concours. » Le Lauréat, choisi par le syndicat des architectes de Nice serait chargé de construire ce monument qui devait être prêt pour Janvier 1876, du moins, on était convenu d'employer tous les moyens possibles pour arriver à ce résultat.

San Remo nous a prouvé que cela était très-possible, puisque son théâtre commencé fort tard, fonctionne parfaitement aujourd'hui.

L'affaire marchait donc très-bien.

Les choses essentielles étaient résolues, M. Gastaldy avait trouvé le terrain.

Moi j'avais trouvé les fonds.

Les statuts disaient encore que la société était constituée au Capital de **131.400 francs**, mais les administrateurs étaient autorisés à emprunter **40.000 francs**. De plus, j'en apportais **8.600** souscrits à mon bureau de la rue Saint-Michel, et j'étais à même de pouvoir en recueillir encore, surtout si l'on avait acheté le terrain, et commencé les travaux.

Pourquoi n'a-t-on rien fait ?....

Interrogez les administrateurs !

Ils ont repoussé M. Marsang, et l'ont remplacé par M. Garnier. Que s'est-il passé, je l'ignore.....

Ce qu'il y a de positif c'est que cette dernière combinaison a encore échoué.

Pourquoi augmenter le Capital, quand la somme à dépenser est fixée par les statuts signés de tous ?

Les fonds déjà versés, ceux que j'ai encore trouvés. Les 40.000 *francs* que l'on a le droit d'emprunter sur hypothèque suffisaient.

Cela est facile à prouver. On a bâti dans plusieurs villes de France, bien plus importantes que la nôtre des théâtres fort convenables pour ce prix là-(*).

Ce n'est pas ma faute si l'on veut changer tout ce qui a été convenu en assemblée générale et arrêté définitivement par les statuts.

Voici la position que l'on m'a faite :

(*) Je me procurerai les documents nécessaires pour prouver ce que j'avance.

J'ai en main tous mes engagements. J'ai toujours gagné au minimum **500 francs par mois**. Je puis le prouver.

J'ai consenti à vivre avec 150 *francs* parce que j'avais devant moi la certitude d'avoir plus tard une position sérieuse, comme directeur de la scène du futur Théâtre.

Aujourd'hui, que voici la mauvaise saison pour les artistes, que pour être engagé il faut attendre le mois de Septembre, époque à laquelle se forment les troupes importantes, on vient me dire :

— « Vous êtes le véritable promoteur du théâtre.
« Vous êtes le créateur de l'idée. — Avec des peines
« infinies vous avez trouvé **140.000 francs**. —
« Grâce à vous, Menton pouvait, comme les autres
« villes, offrir des distractions intelligentes aux
« étrangers. Vous avez sacrifié votre temps et
« l'argent que vous auriez pu gagner ailleurs
« (puisque d'habitude vous gagnez, au minimum,
« **500 francs par mois**) sans compter vos bé-
« néfices. — Vous avez fait tout cela pour rester
« *avec nous*. Pour surveiller *votre œuvre* et
« continuer à nous aider de toutes vos forces, vous
« avez consenti à accepter des appointements in-
« suffisants pour vivre..... Eh bien, maintenant
« *nous ne faisons plus rien !* Et pour vous remer-
« cier de toutes vos peines, *nous vous coupons les*
« *vivres, et nous vous mettons à la porte !* »

— Mais pourquoi ne faites-vous rien ?

— Parce que nommés pour administrer, dans des conditions fixées par un acte légal et dûment enregistré, il vous a plu de faire à votre idée, et de ne tenir aucun compte des statuts rédigés par M. le Juge de Paix, et acceptés par la société anonyme du Théâtre de Menton.

« Croyez-vous que moi qui espérais vous voir
« avancer au lieu de rester stationnaires, j'étais
« bien heureux de vivre dans les conditions que
« vous m'aviez imposées ? »

Le terrain n'a pas même été acheté.

On n'a pas employé les fonds que j'avais réunis, et on les a placés à un intérêt illusoire.

Tout cela n'est pas mon affaire direz-vous !

Mais croyez-vous qu'il n'est pas très malheureux pour moi, de voir une entreprise si bien commencée finir de la sorte, et cela parce qu'il vous prend l'idée d'exiger des *sommes beaucoup plus fortes* que celles que la Société voulait dépenser. Vous avez décidé, en séance particulière, avec M. MEDECIN, votre président, que jusqu'à l'ouverture du théâtre je toucherais 150 *francs* par mois.

Je suis resté *pour vous, à cause de vous.* J'ai perdu les appointements que je gagne chaque hiver au théâtre. Me voilà donc, parce que vous n'avez rien fait, obligé de voir anéantir par vous, une affaire créée par moi ! En perdre tous les bénéfices, et me trouver sans place jusqu'au mois de Septembre.

Allons donc, cela n'est ni juste ni humain !

Je prendrai à témoin M. MEDECIN. Vous-mêmes, Messieurs ! !

Et s'il le faut *toute la Ville de Menton.*

Nous vivons à une époque où l'argent est un puissant levier ! A une époque où les gens heureux et riches croient devoir être toujours les plus forts.... Mais, Dieu merci, ceux qui nous gouvernent, et ceux qui nous jugent, savent respecter le travail et l'intelligence.

Aujourd'hui le plus fort l'emporte naturellement s'il a raison. Mais le plus faible triomphe s'il est véritablement dans son droit.

CHAPITRE II.

PROFILS DES ADMINISTRATEURS

Monsieur MEDECIN, nommé Président par les administrateurs, est un homme de progrès, par conséquent, tout dévoué à la Cause du Théâtre. Député et Maire de Menton, il avait proposé un emprunt de 600.000 francs— Ces fonds devaient servir à réaliser divers projets d'embellissements. Il me félicita d'avoir arrangé les choses de manière à dispenser la *Ville* (qui s'apprêtait à faire des sacrifices pour des améliorations beaucoup plus sérieuses) d'entrer dans cette entreprise tout à fait particulière. Malheureusement, M. MEDECIN, forcé d'habiter Paris, assistait rarement aux séances. Plus, tard il donna sa démission de Maire de Menton et rentra dans la vie privée. — On doit donc le considérer comme s'étant très peu mêlé de tout cela.

Monsieur PALMARO, banquier, était très souffrant, il fut obligé de partir pour les eaux. Un jour je fis un voyage à Nice avec lui et M. GUIOL, nous allions porter les projets et devis à M. AUNE, architecte de la ville de Nice, président du Syndicat des Architectes du département des Alpes-Maritimes.

J'ai juré de ne pas altérer *la vérité,* je suis donc obligé d'avouer franchement, que je n'ai jamais pu savoir qu'elles étaient *les idées* de M. PALMARO. Aimait-il le Théâtre ?.... Tenait-il à l'Affaire ?.... Je l'ignore..... Il se fâchait souvent..... s'emportait même quelquefois, et se servant alors d'expressions très énergiques, que je traduis ici par une phrase moins accentuée, il s'écriait avec violence : **j'en ai par-dessus la tête !**

Monsieur GUIOL, homme très intelligent, d'une nature *remuante* et *travailleuse*, ne partageait pas la manière de voir de ses collègues. Il fit un jour une sortie assez vive. — Cela jeta un froid. — Puis il fut atteint d'une douleur au genou qui l'empêcha de prendre part aux séances. On se souvenait de lui quand par hasard on avait besoin de sa signature. On lui envoyait les papiers, il paraphait le tout assis, sur son lit.... là s'est borné son

*****

rôle..... il est bien effacé..... Longtemps soutenu par l'espoir d'un heureux résultat, il est aujourd'hui désolé d'un si triste dénouement.

Monsieur MARTINI, banquier, était plein de bonne volonté, aimait le théâtre, ne dédaignait pas les plaisirs et se montrait un des zélés partisans du progrès. Donc, de ce côté il y avait de l'espoir. Eh bien, c'est lui qui nous a porté le plus terrible coup !

Seulement il l'a fait de bonne foi..... tellement de bonne foi qu'il recommencerait si c'était à refaire !

Toujours pour rendre hommage à la *vérité,* je dois dire que dès les premiers jours il avait proposé M. GARNIER, mais on lui fit comprendre que M. GARNIER était une célébrité, à de pareils artistes il faut des constructions susceptibles d'augmenter cette célébrité et non de l'amoindrir.

Nos moyens ne nous permettaient pas d'augmenter tout à coup les dépenses, agir ainsi c'était augmenter les charges et, par contre, diminuer et même anihiler les bénéfices des simples actionnaires, c'était ne tenir aucun compte des statuts, c'était faire un coup d'état commercial, et détruire l'idée de *tous* pour y substituer la *sienne propre.*

M. MARTINI se rendit à ces considérations ; mais le Théâtre Garnier restait toujours son idée fixe, aussi, après l'affaire MARSANG, il s'empressa de remettre en avant l'*Architecte de l'Opéra.*

Je publiais alors quelques lignes dans le *Courrier*

de Menton, je rappellais à mes lecteurs la fable de La Fontaine : *La Grenouille et le Bœuf* « Menton, « disais-je dans cet article, ne te gonfles pas trop « ma petite, la *grenouille* de la fable voulant trop « s'enfler ne réussit qu'à éclater. Prends garde « d'être le *Bœuf* de tes idées trop élevées. »

J'avais prévu ce qui arrive aujourd'hui. *La Grenouille éclate* et *produit* quoi ?.... **LA DISSOLUTION !**

On ne peut guère en vouloir à M. MARTINI, — voulant trop faire....il n'a rien fait.— Et puis, vous le savez, les idées fixes, c'est exactement comme les opinions politiques : *cela ne se discute pas*.

Reste **Monsieur Adamin BOTTINI**. — C'est le seul qui a toujours commandé, le seul auquel on a toujours obéi. Jamais autocratie ne fut plus complète.

Dix jours après *ses nominations* d'Administrateur, de Vice-Président, de Délégué et de Banquier de la Société (*) moi, le créateur de l'œuvre, j'en pressentais déjà la chûte. Il commença par jeter quelques sceaux d'eau froide sur mon activité et sur mon enthousiasme, en prononçant, avec dédain, ce mot décourageant dont on abuse terriblement à Menton : **Nous ne sommes pas pressés !**

Les artistes ressemblent un peu aux sensitives,

(*) Plus tard il remit ces fonctions de banquier de la Société à M. PALMARO.

aussi je ne tardais pas à deviner que cet administrateur avait peu de sympathie pour moi.

C'était du reste réciproque.

Il me dit un jour : « Je n'aime pas le théâtre, je « n'y vais pas et n'irai jamais, j'ai pris une loge « pour faire comme tout le monde, mais cela ne « me plaît pas. »

Alors, pensais-je en moi-même, il aurait bien dû s'arrêter là, et ne pas se laisser nommer administrateur d'une affaire qui ne lui plaît pas, qu'il n'aime pas, car enfin, pour s'occuper d'une question artistique il faut au moins avoir un peu de goût pour les arts.

M. Adamin BOTTINI connaît à fond la banque, et l'escompte c'est son fort ! Il spécule sur les huiles. Il a pour clients presque tous les actionnaires, les autres sont ses parents, ses amis ou ses contemporains, avec un aussi beau jeu entre les mains, on est toujours sûr de gagner la partie. M. Adamin BOTTINI ne tenait pas au théâtre et ce qui aurait pu servir à la *réussite*, n'a servi qu'à la *dissolution*. M. Adamin BOTTINI fait ce qu'il veut..... du reste il ne s'en cache pas, il est même très fier de cet étrange pouvoir..... Nous expliquerons dans le chapitre suivant comment on a *organisé* la *dissolution*.

Au début il avait été convenu que chaque administrateur aurait une semaine, M. Adamin BOTTINI a pris la première semaine et s'est arrangé pour la conserver jusqu'au 5 avril, ce qui fait que, dernièrement, les mauvais plaisants qui pressentaient déjà

la fin de cette triste comédie *sans théâtre*, s'abordaient dans la rue en disant : « Savez-vous qu'elle
« est bien longue la semaine de M. Adamin Bor-
« TINI ..... »

« Vous êtes, sans aucun doute, Monsieur, un par-
« fait honnête homme, mais en vous chargeant
« d'une affaire qui vous était antipathique, en vou-
« lant faire prévaloir vos idées quand même, vous
« avez pesé sur l'opinion des gens qui ont toute
« confiance en vous, qui vous accordent une *expé-*
« *rience réelle* dans les affaires commerciales;
« mais cette expérience vous ne l'avez pas quand
« il s'agit d'une question d'art, par conséquent
« vous avez fait beaucoup de tort à la Ville de
« Menton en la privant d'une distraction qui lui était
« indispensable. *Si vous n'êtes pas pressé, les gens*
« *de progrès le sont*. Votre nouvelle combinaison
« avortera. — Dieu veuille, que vous puissiez re-
« lever cette entreprise que vous n'aviez qu'à lais-
« ser marcher ; mais je vous le déclare ici, comme
« le *Monsieur Douteur* de ma préface le déclarait
« il y a un an — *je n'y crois pas !* Mon avis est
« que : si l'affaire se renoue et réussit, c'est qu'a-
« lors vous aurez enfin renoncé à vous en mêler ! »

CHAPITRE III.

MACHINE EN ARRIÈRE!!

Les premiers bâtons jetés dans les roues, furent lancés à l'époque où les plans des concurrents, déposés à la Mairie de Nice, étaient soumis à l'examen du Syndicat des Architectes du département des Alpes-Maritimes. Le jury était composé du Bureau, sous la Présidence de M. Aune. Il y avait quatre concurrents.

Les plans et devis restèrent fort longtemps entre les mains de ces Messieurs ; quand, par hasard, je témoignais un peu d'impatience, et que j'offrais d'aller activer à Nice le jugement du Bureau, on répétait l'éternel refrain « *Nous ne sommes pas pressés !* » on aurait dit vraiment qu'il était question d'édifier un nouveau Louvre ou un Escurial, tandis qu'il s'agissait tout bonnement de construire un théâtre convenable, pour une petite ville qui renferme environ dix mille âmes en hiver, et dont deux mille à peine, sont susceptibles d'aller au spectacle.

Enfin, on reçut une réponse... et quelle réponse !

Sur quatre candidats pas une élection n'était *validée;* on écartait deux concurrents laissant en présence *MM. Marsang* et *Legrand* ; il y avait *ballotage !* Le jury exigeait des changements avant de se prononcer. Encore du temps perdu. Encore des bâtons dans les roues, au lieu d'avancer on commençait à reculer.

Enfin, ces deux candidats se remettent à l'œuvre et, quelques jours après, renvoient à Nice leurs projets modifiés d'après les observations qui leur avaient été faites. Au bout de quelques semaines le jury nomme Lauréat du concours M. Marsang !

Voilà donc le vainqueur proclamé !

Sauvé, mon Dieu ! ! Ah bien oui, pas sauvé du tout. On demande des agrandissements. M. Marsang les exécute. Puis on m'ordonne de faire afficher un placard invitant les entrepreneurs à se réunir chez l'architecte chargé des travaux, afin d'examiner les plans et devis et nous adresser ensuite leurs offres.

Les entrepreneurs sont exacts au rendez-vous, examinent les plans et ne font pas du tout les offres demandées, mais en revanche ils font une chose qu'on ne leur demandait pas, ils déclarent que le théâtre de M. Marsang ne peut être construit au prix fixé par son devis! Je n'ai pas à me préoccuper de la conduite de MM. les entrepreneurs, aussi je ne la juge pas….. mais je constate un nouveau bâton…..

« Ce pauvre Marsang n'a vraiment pas de chance,
« disait un certain Monsieur en voyant la roue
« s'arrêter encore, admis par un jury d'architectes
« le voilà repoussé par un jury d'entrepreneurs »
Des discussions s'élevèrent bientôt entre l'architecte en question et l'administration. Le résultat de ces discussions fut le renvoi de ce dernier. Je n'ai pas le droit d'approfondir cette question.

Le procès a eu lieu, on sait que le jugement a été prononcé en *faveur de* M. Marsang, il en a rappelé à Aix, nous devons garder le plus profond silence sur une affaire dont la solution appartient avant tout aux tribunaux compétents.

Voilà donc à la fin M. Martini en face de sa première idée….. M. Garnier apparaît comme un sauveur….. il se met à l'œuvre, et naturellement il esquisse de ravissants projets. C'est très joli!…. Mais hélas c'est très cher!…. Alors, chose passablement originale, comme le total des devis est très élevé on prie l'architecte de trouver des fonds!

Cela fait rêver…..

Dès lors les statuts n'existent plus. Le fond social est une misère. Labourt pourrait encore trouver

30.000 francs mais qu'est-ce que cela ?.... Menton veut un monument, Menton aura son monument.

Moi, ce jour-là, je me suis dit Menton n'aura rien du tout. « *Qui veut trop avoir n'a rien !*

Après l'idée de charger un architecte de trouver des fonds, vient celle d'offrir à la Ville de prendre à sa charge la moitié des frais.

« J'entends d'ici le Conseil Municipal répondre « comme un seul homme : *Mais nous n'avons* « *pas le sou !* »

En effet, l'emprunt des *six cent mille francs* est loin de répondre aux besoins de la ville.

Qu'importe, on persiste, M. Garnier travaille et moi je constate encore un nouveau bâton.

Ce magnifique projet exige 280.000 francs. Nous voilà loin du chiffre fixé par les statuts, nous voilà à mille lieues des clauses sur lesquelles on a basé la société.

Croyez-vous, cher lecteur, qu'un architecte qui demande 280.000 francs n'ira pas au moins à 300.000 francs une fois la construction en train ! Et le terrain et l'ameublement ! Et la tapisserie et tant d'autres détails imprévus !

Pourquoi notre petite ville va-t-elle, en cette circonstance, chercher une Célébrité de la Capitale ? Pourquoi au lieu d'un joli théâtre d'une simplicité en rapport avec nos ressources, veut-on absolument un monument qui sera bientôt désert comme le magnifique cercle construit par le chevalier H. Ardoino.

La grenouille s'enfle..... hélas bientôt elle éclatera.....

On songe en silence à la dissolution..... J'ai promis dans le chapitre précédent de parler un peu de cette *dissolution*, eh bien M. BOTTINI la prépare, il m'ordonne d'écrire les lettres de convocation, et de les faire parvenir aux actionnaires. J'obéis en murmurant : « allons voilà le dernier bâton ! »

Comme je l'ai dit plus haut, M. Adamin BOTTINI compte parmi les actionnaires des parents, des amis, et des clients ; il leur avait soumis ses idées, cela suffisait.

Aussi le résultat de la séance du 5 avril était-il prévu à l'avance. Aidé de la majorité on reniait les statuts, on annulait tout ce qui avait été fait. La société tombait avant d'avoir fonctionné, n'ayant contracté après tout que des dettes assez lourdes à payer. La dissolution signée, M. Adamin BOTTINI était heureux. Il pouvait, enfin, jeter à terre *le sac* qu'il portait depuis si longtemps sur son épaule et qui commençait alors à lui paraître un peu lourd.

Je n'étais pas à cette séance, mais je vois cela d'ici ; vous en lirez un compte-rendu *fantaisiste* dans le dernier chapitre. Qu'offrir aux intéressés en échange de cette dissolution ?... C'est bien simple, on fera briller aux yeux des actionnaires l'espérance de voir la Municipalité aider à cette spéculation.

Quel intérêt la Ville retirera-t-elle des sacrifices qu'on lui demande ?....

Quel avantage cette dissolution offre-t-elle aux actionnaires ?....

Comment ce théâtre sera-t-il exploité ?....

De tout cela pas un mot!

« Otez-moi *ce sac* que je ne peux plus porter
« voilà tout ce que je demande. »

Et les actionnaires ont *ôté le sac!!* M. Viale *est liquidateur ?????*

La société est dissoute.

« Mais l'avenir est là, nous dit-on, tout est à re-
« commencer. Vous nous connaissez, nous allons
« nous remettre à l'œuvre! nous **saurons** trouver
« des fonds et vous verrez..... »

« Eh bien moi je dis : vous ne verrez rien du
« tout, le passé est là..... il n'est pas encoura-
« geant.... et si vous recommencez, avant six mois
« vous nommerez un nouveau liquidateur..... »

Ah comme je voudrais que par amour-propre on réalise ce brillant avenir, promis aux actionnaires, et que l'on donne ainsi un éclatant démenti à cette petite brochure..... Vous n'en croyez rien n'est-ce pas, ami lecteur, quand même les cent mille trompettes du Progrès sonneraient la charge sublime qui pousse tous les soldats de l'intelligence à s'élancer en avant! La routine Mentonnaise arrêterait ce noble élan en criant de toute la force de ses poumons..... **Machine en arrière !**

CHAPITRE IV.

DE PROFUNDIS !!!

Le 5 avril 1876, les Actionnaires se dirigeaient mélancoliquement vers le Cercle Philharmonique où devait avoir lieu la **dernière séance**. Ce jour-là les cloches auraient dû sonner le glas funèbre, comme à un enterrement..... Malade et alité j'assistais en imagination à l'enterrement de *mon idée*. *Pauvre idée!* Son agonie commençait, elle allait mourir; que dis-je mourir ?..... Mais elle était déjà morte !

Voici la lettre de faire part :

SOCIÉTÉ ANONYME DU GRAND THÉATRE DE MENTON

Menton, le 20 Mars 1876.

Monsieur,

Vous êtes invité à assister à l'Assemblée Générale qui aura lieu le 5 avril prochain, à 3 heures de l'après-midi, dans la salle du Cercle Philharmonique de Menton.

L'Administrateur Délégué,
Adamin BOTTINI.

Ordre du Jour :
1° Lecture du rapport des Administrateurs.
2° Lecture du rapport des Commissaires.
3° Vérification et approbation des comptes.
4° Nomination de deux Commissaires pour l'exercice 1876.
5° Examen de diverses propositions.

La séance est ouverte. — Je n'y étais pas ! Donc pour respecter la vérité, je dois dire que je ne donne pas comme très exact ce qui va suivre.

Mais, sous la *fantaisie,* on retrouvera encore la *vérité.*

Les actionnaires sont assis autour de la grande table couverte d'un tapis vert.

On nomme un secrétaire..... et l'on attaque l'*ordre du jour,* dont la première question est celle-ci :

1° Lecture du Rapport des Administrateurs.

C'est très simple :

Rapport fantaisiste, mais vrai.

D'après un acte de société, daté de Menton le vingt-cinq juin mil huit cent soixante-quinze, enregistré le douze juillet de la même année et déposé chez M. Gras, notaire, il résulte que : Le fond social est fixé à *cent trente-un mille quatre cents francs,* divisés en six cent cinquante-sept actions. Nous avons été nommés administrateurs, acceptant cette situation. Un article spécial nous autorisait à emprunter *quarante mille francs,* Labourt en avait trouvé *huit mille six cents.* Ce qui donnait un total de *cent quarante mille francs.* Joignez à cela les *quarante mille francs* que la société nous autorisait à emprunter sur hypothèque et nous arrivons à *cent quatre-vingt mille francs.* Pour arriver à *deux cent mille* il manquait donc vingt mille francs ! Labourt avait encore trois loges à vendre (car il fallait en laisser au moins une vingtaine pour les étrangers) de plus on pouvait encore placer des actions. Tout cela ne nous convenait pas, au lieu de faire ce que vous nous aviez demandé, voici ce que nous avons fait :

Nous avons mis M. Marsang à la porte, nous vous expliquerons pourquoi.

Le résultat de ceci est une indemnité à lui payer plus les frais. Il en rapelle à Aix, peut-être gagnerons-nous, mais ce n'est pas probable vu que ledit Marsang vient de remporter à Cannes une victoire éclatante sur de nombreux concurrents. Il s'agissait de *deux monuments* et ce second succès, pourrait bien influencer la cour car, enfin, les juges se diront naturellement : « Mais puisque cet « homme-là a du succès partout, pourquoi l'évin- « ce-t-on ? »

Enfin, n'anticipons pas. En tous cas voilà une indemnité et des frais à payer.

Nous aurons probablement un petit règlement avec M. Garnier.

Nous allons comme de juste mettre aussi Labourt à la porte. Ce que nous lui avons donné, était bien minime, mais enfin c'est toujours ça de perdu, il faudra lui donner une indemnité..... elle sera dérisoire, mais il faudra la donner..... Nous avons une location et des frais de bureau.

Enregistrement, papier timbré, port de lettres, voyages à Nice, enfin tout cela doit produire un total assez rond, nous n'avons rien fait nous jusqu'à présent. Mais vous vous allez avoir quelque chose à faire..... **il va falloir payer tout cela** !

2° Lecture du Rapport des Commissaires.

Les commissaires de surveillance n'ont pu que constater le rapport ci-dessus, inutile d'en donner une seconde édition.

3° Vérification et Approbation des Comptes.

La vérification est simple.— L'approbation c'est plus raide.—Eh bien, *on vérifie et on approuve*. O Balzac ! sublime observateur, c'est toi qui le premier a lancé ce mot plus profond que l'Océan ! *L'actionnaire est généralement bon enfant ! !*

4° Nomination de Deux Commissaires pour l'Exercice 1876.

Pourquoi ? On savait d'avance qu'on allait dissoudre la société actuelle, et proposer une affaire à la Municipalité. La ville entière connaissait cette nouvelle combinaison, éclose dans la cervelle de l'administrateur délégué !.... A moins que ces deux commissaires ne fussent nommés pour conduire le deuil de notre pauvre entreprise défunte, je ne vois pas trop leur utilité.

5° EXAMEN DE DIVERSES PROPOSITIONS.

Halte là !.... *pas diverses* mais *une seule* divisée en deux parties.... dissoudre bien vite la société actuelle, et recommencer l'affaire, non pas sur les bases solides d'un acte légal bien fait et enregistré. Mais la reconstruire sur une fondation imaginaire sur une utopie ! !

« Presque tous les actionnaires restent avec « nous, » s'écrie-t-on avec orgueil! *Mais ils étaient déjà avec Labourt !*

Que toutes les souscriptions vous restent, très-bien ! — Mais ces souscriptions vous n'avez pas le droit d'en être fiers ! Osez donc dire aux Mentonnais que c'est vous qui les avez trouvées ! Alors pourquoi détruire la société ? Voilà bien de l'argent perdu.... Admettons que vous réussissiez il faudra fonder une nouvelle association, encore des frais ! Avant de mettre une pierre vous aurez dépensé de quoi monter un étage — et qui vous dit que vous réussirez ! Si vous arrivez à construire le monument, je vous défie de l'exploiter.

Comptez donc le nombre de vos habitants ! énumérez vos ressources !... Il ne s'agit pas seulement de penser à la construction et au luxe, votre Cercle en est une preuve écrasante ! Il faut songer aussi à l'exploitation !.... L'exploitation c'est la distraction pour l'étranger, — c'est l'œuvre utile pour la population, qui au lieu de s'abrutir dans les cabarets, forme son intelligence en écoutant les ouvrages de nos grands écrivains, et les chefs-d'œuvres de nos célèbres musiciens. — La société s'amuse ! Le peuple s'instruit !

Il est vrai que tout cela viendra plus tard..... le plus tard possible..... *Nous ne sommes pas pressés !* Quand on pense que le Collége, n'a pas inspiré plus de sympathies que le théâtre.... Le Collége.... l'établissement le plus utile...... où l'on vous apprend à devenir un homme, où l'on vous donne l'instruction..... *Le pain de l'âme* à l'aide duquel vous gagnerez plus tard la nourriture du corps..... c'est-à-dire *le pain de la famille !*

Tiens, je ne sais plus où je vais..... finissons......

Et pour finir, parlons de mon indemnité — Il paraît que quelques personnes ont essayé de m'indemniser en raison du tort que cette dissolution me faisait. Mais elles étaient peu nombreuses.....

J'ai créé l'affaire du Grand Théâtre, j'ai sacrifié une saison théâtrale, pendant laquelle, d'habitude je gagne au minimum 500 francs, — j'ai apporté 140,000 francs à la société et je ne m'en serais pas tenu là..... De plus, dans l'espoir d'arriver au but et de me trouver un jour à même de vivre ici honorablement.... j'ai consenti à toucher 150 francs par mois, je me disais le théâtre construit, mes ap-

pointements de Directeur me feront oublier la faible rétribution qui me suffit à peine aujourd'hui....
Voici, après de longs débats, le chiffre arrêté dans la séance du 5 avril :

Indemnité Labourt, 800 *francs*.....

« Maintenant va te promener et arranges-toi
« comme tu pourras. »

Ce qu'il y a de plus joli, c'est que l'on ne s'est même pas donné la peine de me prévenir..... C'est tout à fait Louis XV..... S'il y avait eu une Bastille cela m'aurait servi d'indemnité.

Mais comme nous vivons à une époque où l'on a, Dieu merci, la liberté de dire sa façon de penser, j'écrivis à M. Adamin Bottini, pour lui demander des explications. C'était assez naturel.

Voici sa réponse :

ADAMIN BOTTINI Menton, le 9 Avril 1876.
MENTON
(Alpes-Maritimes)
—

Monsieur Gustave Labourt, à Menton.

Monsieur,

En réponse à votre lettre d'hier, qui ne m'a été remise que ce matin, je dois vous dire *que la Société Anonyme du Grand Théâtre de Menton a été dissoute, le 5 avril courant, en Assemblée Générale* et que, par conséquent, les fonctions des Administrateurs ont cessé à cette date. Un liquidateur a été nommé en la personne de M. Viale, banquier, qui, certainement, vous fera connaître ce qui aura été décidé à votre égard.

Veuillez agréer, Monsieur, mes civilités empressées,

A. BOTTINI.

Hein, comme on voit dans cette lettre que le sac est tombé.... Nous ne sommes plus rien ! Ouf ! quel débarras..... Adressez-vous à M. Viale.....

Je me rappelais alors le mot de cet excellent M. Funel de Clausonne qui a toujours été ma providence..... providence bien désintéressée, hélas !

M. Funel de Clausonne, un jour que je lui dépeignais cette affaire avec un certain enthousiasme me dit :

— Mais mon ami vous vous donnez beaucoup de mal.....

— C'est vrai, répondis-je, mais j'en serai récompensé.

— Avez-vous un traité ?

— Un traité pourquoi, on a réglé ma situation dans une séance de l'administration, cette séance était présidée par M. Medecin. M. Adamin Bottini m'a annoncé le lendemain le résultat de cette convocation..... cela suffit

— *Verba volent, scripta manent !!* fit M. Funel de Clausonne..... enfin, me dit-il, vous serez toujours le même, pas assez commerçant et un peu trop artiste.....

Je voulais refuser l'indemnité, et plaider.... mais qui aurait payé si j'avais gagné mon procès....? les actionnaires..... C'eût été indigne..... Eux qui m'avaient témoigné tant de bienveillance, que j'avais fait souscrire à force de les ennuyer, eux qui souhaitaient la réussite de l'entreprise, ah mais non, j'ai passé sur la *question d'argent*. Mais sur *celle de l'opinion jamais !* C'est pourquoi j'ai écrit cette Brochure.

Je déclare encore, avant de terminer, qu'il existe beaucoup de villes en France dont la population est beaucoup plus considérable que celle de Menton et que ces mêmes villes possèdent des théâtres très confortables qui n'ont pas coûté plus de 150.000 francs. Ce que j'avance là, je suis prêt à le prouver.

Maintenant, chers Mentonnais, j'ai fait ce que j'ai pu.... J'ai vu votre charmante ville naître et sourire dans son berceau de fleurs, d'orangers et de violettes; je l'ai vue s'ébattre joyeusement sous ce ciel pur où brille éternellement un soleil sans nuages.... je l'ai vue parée de son magnifique printemps grandir et s'embellir tous les jours..... Je voulais ajouter un nouveau joyau à cette éclatante parure. Le *Progrès* m'avait fait entrevoir dans un rêve charmant l'œuvre entièrement achevée..... le 5 avril *la Routine* m'a réveillé en sursaut et m'a montré l'affreuse réalité : **c'était la Dissolution**.

DE PROFUNDIS !!

G. LABOURT.

www.ingramcontent.com/pod-product-compliance
Lightning Source LLC
Chambersburg PA
CBHW060705050426
42451CB00010B/1287